JN409050

시인 조 대 현

국립중앙도서관 출판시도서목록(CIP)

머나먼 곳에 소금산이 있다 : 조대현 시집 / 지은이: 조대현.
-- 광주 : 시와사람, 2018
p. ; cm. -- (시와사람 서정시선 ; 062)

ISBN 978-89-5665-524-6 03810 : ₩10000

한국 현대시[韓國現代詩]

811.7-KDC6
895.715-DDC23 CIP2018033174

머나먼 곳에 소금산이 있다

머나먼 곳에 소금산이 있다

조대현 시집

2018년 10월 15일 인쇄
2018년 10월 25일 발행

지은이 | 조 대 현
펴낸이 | 강 경 호
발행처 | 도서출판 시와사람
등 록 | 1994년 6월 10일 제 05-01-0155호
주 소 | 광주시 동구 양림로119번길 21-1(학동)
전 화 | (062)224-5319
E-mail | jcapoet@hanmail.net

ISBN 978-89-524-6 03810

값 10,000원

공급처 ■ 한국출판협동조합
경기도 파주시 탄현면 오금로 30
주문전화 (02)716-5616, 070-7119-1740

머나먼 곳에 소금산이 있다

조대현 시집

시와사람

■ 자서自序

초등학교 학예발표회 때 동시를 낭송했던 기억이 무의식 중에 문학에 대한 동경하는 마음이 자리 잡고 있었나 봅니다. 그동안 살얼음판 같은 삶의 터전에 매달려 있다가 참으로 늦은 시간에 시심을 추스르게 되었습니다. 틈틈이 써온 작품들이 대견하기도 하지만 부끄럽습니다.

이제 향내 나는 시를 쓰고 싶고

따뜻한 시를 쓰고 싶고

때로는 가슴 저미는 시도 쓰고 싶습니다.

고즈넉한 들녘을 수놓으며 떼 지어 노니는 철새들의 깃털 쯤이라도 되었으면 하는 바람으로 사랑과 포용의 배려를 그리워하는 밤입니다. 어느 땐가 닳고 찢긴 유리 쟁반 위에 탐스런 결실을 올릴 즈음 내 뻔뻔한 얼굴이 부끄러울까 벌써 두렵습니다.

실로 문학의 소재랍시고 듣고 보고 느끼고 배웠던 것이 조잡의 정도가 지나쳐 한 발 더 내딛는 것을 내내 망설이고 있을 때 '신인상'이란 날개옷을 입혀서 알뜰살뜰 아담한 시의 집을 지어 주심을 행운이라 말할 수도 있겠지만, 그러나 저는 은혜라고 부르고 싶습니다. 《시와사람》 발행인 강경호 시인님께 감사를 드립니다.

또한 여지껏 나를 지금까지 아끼고 사랑하는 가족과 모든 분들께 이 기쁨을 함께 나누며, 귀가 닳도록 격려와 응원으로 북 돋아준 문우들과 성당 교우님들께 진심으로 고개 숙여 고마움을 표합니다. 아울러 아내와 자녀들에게 더 열심히 보람찬 인생을 노래할 것을 다짐하며 감사의 말씀을 전합니다.

2018년 10월

오색 단풍이 물드는 날에

저자 조대현 씀

차례

제1부　머나먼 곳에 소금산이 있다

제2부 숲속의 조화

제3부 추억에서

제4부 가엾은 남자

제1부

머나먼 곳에 소금산이 있다

머나먼 곳에 소금산이 있다

햇볕이 뜨거운 날
희끗희끗 하얀 씨앗이 생겨난다
그것들은 짜디짠 고집으로 뭉쳐
함부로 할 수 없는 정신이 된다
물에서 생겨난 몸, 썩지 않는 영혼이어서
염부는 땀을 뻘뻘 흘리면서도
뙤약볕에서 정신을 구워내 소금산을 쌓는다

아버지는 염부였다
본래 소금에서 태어났기 때문에
어떤 몹쓸 물에도 녹지 않고
묵묵히 소금산을 쌓으셨다
염천이 돌아오면 사람들은 쉽게 녹아버리지만
오히려 더 단단해진 아버지는
이도 하얗고 손도 백짓장처럼 하얘져서
온몸이 소금이셨다

아무나 갈 수 없는 곳에 소금산이 있다

짜고 단단한 아버지께서 쌓으신 산이다.

낡은 옷을 버리다

한때는 건방짐 철철 넘치고
청춘의 열기를 풀풀 풍기던,
나프탈렌 냄새 배인 나를
옷장 서랍에서 꺼내든다
나처럼 낡아 색이 바래고 보푸라기 일어
한때 한껏 멋을 내던 흔적조차 없는
아무짝에도 쓸모없는
오래된 나를 버린다
습기 머금고 낡은 책처럼 긴장감을 잃은
나는 이제 늙고 가난해
구질구질한 노인네이거늘
주름이 칼처럼 날이 선 미끈한 옷을 입어야 한다
그러므로 버려지는 슬픔을 슬픔이라고 하지 말자
생각해보면 내 청춘의 한때, 어느 지점의
나였을, 나의 속내였을, 낡은 옷이여
이 세상 모든 것은 마침내 버려짐으로 해서
새로 생성하는 일이거늘
나 역시 버려지고 있는 중,
낡은 것을 버리는 일은 경건한 일이지 않겠는가.

지하상가 신발가게에서의 미사

밤새 갇혀있던 공기들이 외출하는 시간
이곳저곳에서 셔터 올리는 소리
일찍 출근한 신발가게 주인이
지난 저녁에 거둬들인 신발들을
다시 가게 앞에 진열한다
후후 입바람으로 먼지를 털다가
장갑 낀 손으로 가볍게 문질러서
가지런하게 정렬한다
그 일에 초집중하는 모습이
경건을 넘어 종교의 미사 같아서
바라보는 동안 나도 모르게
마음으로 찬송가를 부르고 기도를 드리는데
어느새 행인들도 신발가게 앞에 모여
미사를 드리는 것이다
신발을 진열하는 일이
신성하고 신실한 신앙이라는 것을 처음 깨달았다.

벽

벽은 늘 그 자리에 있었다

통곡의 벽처럼
답답한 눈물이었다
오랫동안 앞길을 막았다
그러므로 벽을 허무는 일은 나의 목표였다
이마가 깨져 피가 흘렀다
두 손으로 두드리다가 지쳐 쓰러졌다
그러는 사이 더욱 견고해졌다
바위산처럼 든든해졌다
벽의 등에 기댈 줄도 알게 되었다
옷걸이가 되었다
집이 되었다
길이 되었다

그러는 동안에도
벽은 늘 그 자리에 있었다.

우수

저녁나절 숲길을 산책하다가
멀리 사라지는 검정색 차를 볼 때마다
쓸쓸한 생각이 든다

어린 시절 자고 일어났을 때
엄마가 보이지 않아 울었던 쓸쓸한 감정 같은,
이 세상에 나만 놓여진 왠지 알 수 없는 슬픔이
문득문득 일어난다
그것은 검은 리무진이 문을 향해
나가는 것을 바라볼 때
이 세상 문을 나가는 것 같아
자꾸만 쓸쓸한 감정이 파고든다

본래 인생은 슬픈 것인지도 모른다
그러나 나는
서글프다고 말하지 않겠다
아직 살아있기 때문이다.

착한 국화

세상이 변하다 보니
파마를 한 국화꽃도 있다
가발을 쓴 국화꽃도 있다
온갖 염색을 한 신세대 국화도 있지만

세상의 말이 거칠어지고 험해져도
국화는 오직 그 자리에서 정갈한 말을 한다
입술을 오므리며 전하는 우아한 문장들
푸른 쟁반에 담긴
하얗거나 노란 말씨가 향기롭다
아직 읽지 않은 뜯지 않은
둥그런 편지 속에는
사랑꾼 벌 나비들 불러 모을 수 있는 묘약일까
국화꽃 곁에서는 귀를 모을 일

국화는 사랑의 말씀만 속삭이는 것이 아니다
조선 선비들이 읽는 경전 같은 것이어서
깊은 산중에 스님들이 외우는 법문 같은 것이어서
국화꽃 앞에 서면

사람들은 기분이 더럽다고 말하지 않는다
모두가 순하고 착해져서
설령 수갑을 찬 적이 있는 것들도
두 손을 공손히 모은다

국화꽃 앞에서

아무리 포악한 짐승 일지라도
새끼들은
착하고 천진무구하여
영혼의 창구인 눈빛은
맑고 깊은 것이어서
국화는 어른이 되지 못한
이 세상 모든 짐승들의 어린 눈빛이다

문득, 국화를 바라보다가
나는 오랜 숙취에서 깨어나
흐릿한 두 눈을
화들짝 놀라 크게 뜬다

이제야 보이는
국화가 온몸으로 맞았던 바람과
국화의 머리에 내린 서리와
귀가 멀도록 들었던 천둥소리와
오랜 폭풍우와 눈보라 속에서 들었던
피투성이 투성인 두 눈을 뜨고

그것들이 상처이고 고통이 아니라
내가 애초에 강보에 싸인
두 눈이 맑고 깊은 어린 아이였음을 깨닫게 하여
국화 앞에 서면
아득한 유년으로 달려간다

야산을 바라보며

아무것도 없을 것 같은 야산이다
눈을 수습하고 숲을 바라보면
온갖 생명들이 얽혀 살아가고 있다
나무와 나뭇가지 사이에
은빛 투망을 던져놓고 공중을 타는 거미는
하루 종일 숨죽여 움직임을 포착하려 하고
커다란 나무에 붙은 이끼들은
온 몸으로 물기를 빨아들인다

산에서 제일 크고 오래된 나무는
그 아래 수많은 식구들을 거느리고
조금씩 햇볕을 나눠주며
생명의 끈을 잇고 있는데
나무는 새들의 보금자리여서
저녁 무렵 어미새는 새끼들 기다리는
무성한 나뭇가지 사이로 깃을 접는다

인근에서 제일 높은 산과 산 사이 계곡에
꽃뱀처럼 가늘고 긴 물줄기가

살아있는 것들을 먹여 살리는데
멀리서 바라보면
그저 아무것도 없을 것처럼 보이는 산은
집안의 가장처럼 어미처럼
새끼들을 보듬고 있다

이제 나는 사막을 바라보며
아무도 없다고
말하지 않으리라.

가을에

세상이 쓸쓸하다
쓸쓸히 찬바람 스미는
허허로운 마음에 단풍이 든다

마른기침에 무릎을 짚고 일어나
천천히 발걸음을 옮기자
발밑에서 낙엽이 바스러지는 소리
봄의 희망도 여름의 활기도
가을날의 쓸쓸함도
스스로 떨어져 바람에 뒹굴고 있다

두꺼운 침묵을 삼켜버린
아무것도 걸치지 않은 나무는
고즈넉한 태고의 심사로
소슬바람 등걸에 앉아
일상의 번뇌를 내려놓으라며
서산에 누운 햇살같이
자신을 비워내는
인생의 가을을 살아볼란다.

빈 그릇 하나

숱한 세월의 바람으로
낡아버린 영혼의 그릇
칠흑 같은 틈 사이로
가녀린 맥박이 뛰고 있다

숨 죽여 받아든 마지막 선물
정제된 마지막 유산
마침내 비워내야 할
질박한 빈 그릇인 것을

그래도 아직 살아 있음은
채워야 할 그릇이 있기 때문
아직 할 일이 있다면
비워내야 할 그릇이 있기 때문이다

마침내 빈 그릇 하나 안고
홀연히 바람같이 떠날 수 있는
오늘이고자 한다.

일상에서의 순교

세상 안에서 부딪치는 많은
어려운 일들로
인생이 멍들기도 하고
영글기도 한다

나는 불의를 원치 않는다
정직한 순교의 넋을 닮아
평범한 삶의 열정으로 피어오르는
일상에서 실천할 수 있는
저마다 짊어져야 할
멍에가 있다

한두 번 순교하는 마음으로
십자가를 지을 수는 있다
책임져야 할 가족
경제적인 빈곤
떨쳐버리지 못하는 지병들
짊어진 십자가의 무게가 주는 땀방울이
아름다운 세상을 만든다

날마다 죽는 일상에서의 순교를
축복할 일이다.

산에 올라

눈 쌓인 산 정상에 올라
한동안 바라보는 먼 산은
감동과 영감을 불러 일으켜 준다
어쩌지 못한 절대자의 권능에
고개 숙여 움츠러 드는 자신을
발견한다

많은 것을 느끼게 하고
바다처럼 넉넉하고 풍요로운 자태를
외경심으로 산을 바라보다가
문득 내 안에 가득찬 탐욕이 어디에서
비롯되었는지
뜻밖에도 깨닫게 함에
경이로움을 느낀다

지친 영혼을 달래줄 산이 있음은
얼마나 다행스러운 일인가
스산한 바람이 흩어지는 저녁 무렵
엷은 햇살 속의 산줄기들이

시선을 놓아주지 않지만
석양빛에 물드는 산 그림자가 웅온하다.

목련나무 베어진 자리

포근한 봄볕이 이마를 간지럽히는
성당 마당에 들어서면
맑은 영혼의 눈동자로 바라보는 성모님상이 있고
그 옆에 키 큰 목련나무가 있었다

봄마다 날아드는
목련나무에 앉아있는 백로 떼의
화사한 모습을 보면
벅찬 감동이 분수처럼 치솟았다
목련꽃 자지러진 봄날
우리는 순결한 마음을 언약했다

목련꽃을 싫어하는 사람이 있다는 말
들어본 적 없지만
어느 날인가 마당 공사 중에
톱으로 쓱싹 베어버렸다
아린 눈으로 목련나무 베어낸
밑둥치에 눈이 갔다
아직 쌀뜨물 같은 하얀 핏자국이

피비린내 나게 아파온다

지금껏 존재는 크게 못느꼈지만
집 한 채 사라진 공간이
휑하다
내 마음의 한켠도
휑하다.

절망을 넘어

물끄러미 창밖을 바라보는데
앞산 크나큰 소나무가 눈에 들어 왔다
이제 보니 비탈진 바위틈에서
휘어지지 않았음이 기특하다

어린 나무였을 때는
발 끝에 힘주어 버텨 냈을 텐데
이토록 나무가 크게 자랄 수 있었음은
햇빛 향한 마음을
잃지 않아서 일게다

내 삶의 질곡에서도 약하고 굵은
희로애락의 뿌리가 내려 있다
암초에 걸려 절망할 때마다
나무의 안간힘이 화살로 꽂혀
나약한 심장의 박동 끝에
희망으로 뿌리 내린다.

집에 대한 기도

돌아온 탕자처럼
지친 철새처럼 둥지를 찾아와
참으로 오랜만에 마음 편하게 잠을 잤다가
새벽녘 닭울음 소리에 눈을 떴다
임자는 머리 둘 곳도 없었다는
말씀이 떠올라
납덩이처럼 철렁 내려앉은 가슴을 여며
무릎 꿇고 두 손을 모았다
다시는 마음이 집을 떠나는 일 없도록
내일도 오늘처럼 살아내어야겠다고
감사한 마음으로
남루하고 가난한 집이지만
평화가 깃들기를
다소곳이 기도드렸다.

명암

모든 이들이 바라볼 수 있지만
모두가 바라지 않는다
듣고도 쳐다보지 않는 사람
바라보기만 하는 사람
무엇이 이렇게 행동하게 하는가

한평생 부부로 함께 살면서
배우자를 모를 수 있고
한평생 신앙생활을 하면서도
하느님을 알지 못할 수도 있다
내가 누구인지 그가 누구인지
알지 못한다

어둠에서 결정하는 것은
어둠일 뿐이다
무엇을 갈망하느냐에 따라
하루 삶의 질이 달라지듯
어두운 터널에 들어갈 때는
두 눈을 미리 감고

나올 때는 조심스런 마음으로
양심의 눈을 떠야 한다
비로소 진실의 명암이 드러나는 순간이다.

살아있는 동안에

삶이 푸른 하늘처럼 늘 맑기만 한다면
내면의 강물은 흘러가기를 멈추고
우리 안은 더욱 메말라 갈 것이다

우리에게는 햇볕과 같은 신나고
구름과 비와 같은 우울하고
눈물 글썽이는 외로운 날
때론 폭풍우 몰아지는 불안한 날
이 모든 날들이 불요하다고 할 수 없으리

이러한 날들이 모여 삶이 되고
우리는 성숙해 간다
슬프다고 슬픔에 메이지 말고
기쁘다고 기쁨에 메이지 말고
그렇다고 인생이 덧없다고
말해서도 안 될 일이다
살아있는 것이 희망이 아니겠는가.

투병

심연에서 건져 올린
수많은 날들의 탄식
깊은 절망의 파편들

창밖을 향해 던진 눈망울
정지된 세월의 얼룩으로
발아된 절망 앞에
청춘의 시간 사그라든다

끝없는 고뇌의 숨결
쉼 없이 이어지는 전율
밤낮으로 흔들리는 고독한 불꽃
끈질긴 형벌의 절규로
홀로 또 하루를 지킨다

인생은
홀로 견뎌내야 할
고독한 투병의 나날.

제2부

숲속의 조화

숲속의 조화

늙지도 않은 나무에
검버섯이 핀 줄 알았는데
자세히 보니 검은 때가 낀 잎새였다
성한 잎새를 쥐어짠 팔각 거미줄에
매미 한 마리 통째로 걸려있어
나무도 못 살 일이다

함부로 곧게 뻗어 올린
늙수그레한 감나무가 독한 마음 먹고
땡감으로 보호막을 쳐
넓은 잎새의 수분을 빨아
빨갛게 자신을 키우고 있다

잡목들도 가지를 들이밀며
제 위치에서 숲을 이룬다
인간세상에서 볼 수 없는
다툼이 없는 조화로운 숲속
사철나무는 여전히 푸르다.

비누

먹고 버린 폐식용유는 환경을 오염시키고
가성소다는 살갗에 상처를 낸다
고약한 이 두 물질을 잘 다스려
하나가 되게 하면
나쁜 성미는 온 데 간 데 없고
신랑신부처럼 착하고 고운 마음씨가 되어
세상의 더러운 것들 깨끗이 씻어주는 것 만큼
자신의 몸 조금씩 사라진다.

산책길에서

산책로 오른쪽 실개천에는
물고기가 살지 않는다
노랑어리연꽃, 매자가,
꽃창포 푸른 개천 따라 흐른다

추적추적 비가 내리는 날
할머니와 함께 걷던 할아버지가
멧돼지라는 놈이
강냉이밭 고구마밭을 작살냈다고
푸념을 하며 벤치에 앉아
쉬어나 가자고 한다

고적한 산책길에
천사도 만나고
가끔은 예수님도 부처님도 만난다
생태군락이 조화로운 숲
푸른 잎새 사이로 하늘을 보다가
초가을 단풍이 길섶에서

바람을 안고 뒹굴고 있을 때
오동잎은 벌써 잎새를 떨구고 있다.

봄날

보이지도 만져지지도 않지만
느껴지는 어떤 힘에 이끌려
들녘으로 발길을 옮겼다

봄나들이는
발길 닿는 곳 어디서나
조건 없는 포상을 내린다
오랜만에 걸어보는 들길
산들바람이 분다
자유로움이란 이런 것인가

논두렁에는
숱한 사연과 아픈 기억
순리대로 살아가는 농부의 인문학이 있다
발길 멈추고 발아래를 본다
앙증스런 풀꽃들의 아우성
눈 속에서 살아남은 무용담을
나물바구니에 담아 가란다.

봄이 오는 길목

겨울 끝자락
시린 듯 뒤척이는 아기 봄
입춘이 지났어도
바람 끝이 매서워
돌담에 숨어있다

묵직한 어름장 아래 숨어
졸졸졸 녹아내리는 속삭임
차갑게 흐르는 지난 겨울의 이야기
부리나케 실어 보내는 아기 봄바람

시린 손 끝에 내린 주춤거리는 산 그림자
아기 봄 부르다가 간신히
남촌 향해 눌 곳 찾는 초승달에게
산 너머 아지랑이를 부르라 한다.

영혼의 푸른 쟁반에

무서리 내려
온 몸 흔드는 밤에
언 땅 그림자 밟고 내민
가지런한 입술

네 눈 속의 하늘 맑아
네 안에 박힌 살 기어 나와
영혼의 푸른 쟁반에
경전으로 피어나는 향기

공손히 모은 손길 흔들어
너의 뒷모습을 바라보는 가슴
내 안에 법문 같은 하늘을 키운다.

연둣빛 물 드는 날

하늘빛 담고 싶어
따사로운 봄볕 등에 업은
3월이 눈부시다

설레는 연초록빛 마음
풋내 나는 생명의 숨결 쏟아지는 들길에
정분이 난 바람이
옷깃에 숨어든다

슬며시 버들가지 눈을 뜨는
청아한 물소리 박자를 맞추는 개울을 지나
강으로 흘러들어 긴 침묵을 깬다
지천에 누운 가녀린 숨결들
포근한 하루를 풀어 놓고
마음 속에 연둣빛 물 들인다.

향기로운 봄

자연은 인간의 일에 무심하지만
아무도 꽃을 말하지 않아도
때맞추어 바람을 일으킨다
땅은 곳곳이 지뢰밭인데도
아랑곳하지 않고 섬진강 따라
산수유 길을 열었다

눈 속을 떠도는 은근한 향기는
본디 매화의 성정이다
봄날은 짧다더니
붉거나 흰 모란이 눈앞에 찬란하다
생각할 틈 없이 있는 그대로
즐기기에도 시간이 모자라다

산수유의 앙증스런 미소
꽃들의 시선을 사로잡고
마음을 빼앗는다
이 봄의 황홀을 놓치기에는
한 번 뿐인 인생이 아깝다

꽃의 소리에 자연의 속내를 알라며
붉은 매화꽃이 한들한들 말을 건넨다.

출석

제비 떼처럼 우르르 몰려와
강남 소식 입에 물고 이리 날고 저리 뛰다
옹기종기 낯익은 의자에 앉아
종알종알 한나절을 울어댄다

콘크리트 담 벽에 둥지를 튼
주둥이 노랗게 재재거리는 새끼제비 떼
허기진 멍에 날개에 매여
언제 세상을 날 것인지
날갯짓이 버거워
쉼 없이 우지진다

어서 자라
저 높은 창공을
광활한 들녘을
꽃나비 나는 산야를
누빌 날을 기다리며
아직 허기진 배 채우려고
밤낮 책장 앞에 앉아

까만 눈동자
퍼렇게 키우고 있다.

노동자

무거운 발걸음으로
새벽 공기를 뚫는다

출근 버스에서 내린
무표정한 얼굴들
절박하고 처절한 작업 현장
둔탁한 기계음에 숨이 막혀
메마른 심사들이
긴 한숨으로 비틀거린다

누구는 천직으로
또 누구는 마지못해
희망으로 한숨으로 일그러진
마음의 표적들이 어울러
톱니바퀴로 돌고 있다

아직은 희망이 살아있다고
내일을 희망하며 맞이하라고
말하고 싶지만

또다시 헛된 구호가 될 것임을 알기에
그저 침묵할 뿐이다.

요즘 결혼식

돈 내고 눈도장 찍고
신랑신부 결혼 축하는 안중에도 없어
곧바로 식당에서 밥 먹는 일
공장에서 물건 찍듯
어디를 가나 똑같은 결혼식
징그럽다
인스턴트로 소비하는 요즘 결혼식
독사 같다 밥 먹고 그냥 가는
하객들
나도 징그럽다 독사 같다 그런 하객이다

일생에 단 한 번 뿐인 결혼식
예식장이라는 공장에서
대량생산하는
신랑신부
뻔한 주례사
뻔한 인생

봄빛 좋은 화사한 날

잔디밭에서
춤을 추는 신랑신부
박수 치며 노래하는 하객들
소풍날처럼 즐거운 야외결혼식
잊을수 없는 아름다운 추억
단 한 번의 소중한 기념일.

때때로 나누면서

빨랫줄에 구름을 널어놓았다
애써 널어놓은 구름을
햇살이 앗아가 버려
톡 쏘아 붙이는 태양의 눈길이
밭에 잡초와 독초가 자라듯
세상이란 밭을 갈지 않고 두었는지
어중이떠중이 온갖 곤충들이 끼어들고
잡초의 무성한 근성에 머릿골이 아파
참 어지럽다
덜 먹고 덜 쓰고 덜 노는 게 편하다

인생은 꽃길이 아닌 진흙탕 길인 것을
그렇다고 눈 감고 살 수는 없는 일
혼자만 잘 살면 무슨 재민가
때때로 나누면서 걷는 길
그런 세상이 그리운 날이다.

어리석은 사람들

육교 위에서 지나가는 차량행렬을
한참동안 내려다본다

자신에게 속기도 하고
남에게 속기도 한다
누구는 전쟁으로 죽고
누구는 물에 빠져 죽고
누구는 목이 부러져 죽고
누구는 먹다가 죽었다는 말
얼마나 많이 들었는가

어떤 사람은 불이 나서
어떤 사람은 칼에 찔려
어떤 사람은 질병으로
또 어떤 사람은 강도한데
한순간에 사라지는 그림자 같은 존재인 것을
알면서도 속아 사는
어리석은 군상들.

고적한 골목

산책을 하다말고 느티나무 우거진
놀이터 쪽으로 발길을 돌렸다
낯선 할머니 한 분이
미끄럼틀에 앉아있을 뿐
아이들 웃음소리 들리지 않는다

유년의 기억이 담긴 고샅에는
언제나 깨소금 같은 재미가
불개미 떼처럼 옥실거리고
숨바꼭질이 숨어 있고
따악 딱 자치기 소리 들렸었다

천방지축 뛰어 놀던 그 골목에
아이들 앳된 함성 사라지고
더 이상 젖먹이 울음소리 들리지 않는다
오늘은 노인네 너댓 모여
놀이터 나무 그늘 아래에서
화투놀이를 하고 있다.

국화꽃 향기 · 1

하얀 날개 퍼득이며
소리치는 서릿발로 다가와
그 날개 자락 밑에 살포시
마음에 박힌 살이 기어 나와
차가운 손 끝에 꽃이 되었다

곧게 뻗은 해묵은 길 위에
홀로일 수밖에 없을 때
내 손을 잡아 일으켜 세워
험한 길 묵묵히 건네주던
고결한 절개의 맥박소리
서릿발 위에 내렸다

당신 눈 속의 하늘 하도 맑아
내 지조의 고통이 이슬로 맺히면
흰 날개 접고 서리꽃 지던 날
지친 꿈으로 쓰러져 허덕이다
은은한 그리움으로 피어나는 향기
깊은 마음속에 품었다.

국화꽃 향기 · 2

곱지 않는 국화꽃은 없다

너는 바람소리만 듣고 자라서
귀가 맑고 눈이 선하여
침범할 수 없는
소박한 향기를 뿜는가

어둠을 헤치며 소쩍새 울던 밤
흰옷을 꺼내 입고
다들 떠난 자리 지켜낸 몸짓
잊혀진 설움의 날에도 의연하여
시들은 꽃에서도 향기가 난다

이내 묵직하게 숨겨진 바람 따라
고통스러울수록 아름다운
고결한 진실을 알고서야
끝내 너의 향기를 지니고
나는 주어진 길을 간다.

제3부

추억에서

추억에서

창 밖에 흰 눈이 쏟아지는초등학교 때 점심시간
연탄난로 옆에 의자를 돌려놓고
도시락을 열면 교실 안은
온통 김치 냄새로 가득했고
우리는 허겁지겁 유년의 허기를 채웠다

늘 바빠 반찬을 만들 수 없는 엄마가
콩자반을 한꺼번에 만들어 놓으면
오랫동안 반찬 걱정을 하지 않으실 것 같아
친구의 콩자반 한 숟갈을
반찬통에 넣어 와 보여드렸다

언제나 반찬 없는 식은 밥일망정
엄마가 차려주는 밥상이 좋은 것은
나를 사랑하는 마음이 깃들었기 때문인데
도시락에서 싹튼 우정이
엄마의 사랑을 먹고 부풀고 있었음을
지금도 추억한다.

그 해 흉년

시름이 들녘에 가득했다
온 동리 찌든 인심은
보름달만한 허기로 떠올라
죽음의 공포를 잉태하였다

참담한 세월의 넋두리
독버섯처럼 자라나
겹겹이 쌓인 창자 달라붙는 소리
헛배만 채웠던 그 해

대지의 발아래 앉아
허공에 뿌리던 무성한 독백
마른 침만 입 안 가득
그때 허기진 밤을 베고
등 굽혀 누웠다.

운동회

초등학교 시절
만국기가 펄럭이는 운동장엔
장터처럼 구경꾼들이 많아
시끌벅적 덩달아 즐거웠다

교문 주변에
장사꾼들이 진열해 놓은 군것질거리는
보기만 해도 배가 부르고
먹지 않아도 배가 불렀다
일년 중 유일하게
무엇이든지 먹을 수 있었다

사과 한 알 손에 들고 있으면
세상을 얻은 듯 기뻤고
달리기에서 일등을 했을 때는
머리가 하늘천장에 닿았다

어른 아이 할 것 없이
운동회가 정겨운 잔칫날처럼

그리워지는 까닭은
세상인심이
하늘을 닮지 못해서 일는지.

그리움의 강

그리움의 강
말만 들어도
가슴 뭉클거리게 하는
어머니란 말이 또 있던가

언제나 불러 보아도
언제나 들어 보아도
아늑하고 편안한 둥지
허물도 절망도 낙담도 서러움도
온화하게 쓸어 담은 함지박
투박한 손길에도 피어나는 모정

눈을 감아도 눈을 떠도
소리만 들려도
언제나 새롭게 피어나는 별꽃 향기
만고풍상에 주름진 미소
은은하게 살아 있는 내 안의 그리움
떠난 지 오래 될수록
내 핏줄에 박동치며 흐르는 강

더욱 그리워지는 어머니.

심봤다

어머니는 풍부한 감수성에
호기심 많고 감각도 뛰어나
옷감 고르는 안목이나
옷 만드는 솜씨가 뛰어나셨지만
병원에 입원한지 이틀 만에
주무시듯 돌아가셨다
딸은 어머니의 유품을 정리하다
한복에 달린 복 주머니에서
금가락지를 찾아냈다

장롱에는 식구들 뒷바라지 하느라
깊이 넣어둔 소망 하나하나를
눈물 반 탄식 반 정성으로
소각시켜 드린 그날 밤 꿈에
천국에서 "심봤다!"고
당신의 꿈을 이제야 캐내어 외치셨다
눈을 떠보니 새벽 세 시였다.

사모

5월이면 유난히
어머니가 그립다
끼니마다 보리밥이 싫다는 투정에
돼지 팔아 쌀 사오셨다

잡풀이 무성하게 자랐을
어머니의 봉분이 마음에 걸린다
개울가에 두고 온 어머니 걱정으로 운다는
청개구리 이야기에 한없이 울었다

어머니의 그늘은 넓기만 해서
그립기만 하다
잘못한 일들만 떠올라
더욱 그립다.

벌초

언제나 고적하던 묘역에
예초기 기계음이 요란하다
추석 명절은 내일 모레인데
오랜만에
중학교 때 머리처럼
미용사 손길처럼
아버님 어머님 봉분 단정하게 해놓고
질긴 육포와 시린 소주잔에 부어놓으니
불효가 깊어라
파고드는 회한 내려 놓고
다소곳이 석양빛 모아
영원한 평안을 비니
묵은 때 씻은듯
마음이 개운하다.

그믐달

저녁 외출을 위해 문을 나서는데
그믐달에서 할아버지 향기가 난다
창밖에서 밤새워 지키며
비손하고 계시는 할아버지다

가끔 밤새 뒤척이다
언뜻 눈을 떠 창밖을 보면
허연 그믐달이 할아버지 모습으로
나를 지켜보고 있다

어린 시절 대청마루에 누워
한참 잠들다 눈을 떠 보면
할아버지는 부채질로 파리를 쫓으며
그믐달 모습으로 나를 지키고 계셨다
할아버지만큼 늙은 나는
어쩌다 새벽녘에 뒤척거리다가
눈을 뜨면 그믐달이 떠 있어
할아버지를 만난 듯 반갑다.

고향마을

바람도 쉬어가는
고래 등 같은 산자락 아래
고향이 있다
오랜만에 고샅길 가다가
감나무 집 마당에서 놀곤 했던 동무들 그리워
목 빼어 흙담 너머를 기웃거린다

지붕 위 하얀 햇살
호박꽃 더듬다 정분이 나
어미호박 주름진 너털웃음에
앙증맞은 동자호박 속도 모르고
호랑나비 하늘하늘 날고 있다

건너편 뚝 너머 살을 맞댄
수줍은 억새꽃 하늘하늘
바람도 따라 웃는다
저물녘 송아지 어미 부르는 소리
마을 앞 신호등은 졸린 듯이 깜박이는
고즈넉한 고향마을.

저녁 밥

막 솥에서 쪄낸 뜨거운 고구마를 먹느라고 낡은 라디오에서 흘러나오는 유행가 소리를 건성으로 듣고 있었다. 늙은 남자에서부터 어린 아이까지 석유 등잔불 빛에 볼이 붉게 상기된, 폭설이 바람벽을 치는 저녁이었다.

사랑의 꼬리표

청춘시절
'첫사랑'이라는 뮤지컬이 끝나고
친구의 첫사랑 앨범을 본 후
질투했던 적이 있었다

누구나 첫사랑에서
슬픈 사랑을 생각하기 마련인데
뮤지컬 '첫사랑'은
수십 년 전 헤어진 까닭에
그저 스치는 바람이라는
인연에 대한 인식 때문이었다

아내와 첫 만남 때
밥 잘 먹으면 부자로 산다고
밥을 남기지 않는 나의 모습에
사랑의 꼬리표를 달아주었다고 한다
탁월한 선택을 한 것인지는
더 살아봐야 한다며 서로가 웃었다.

선물

카페 앞에서 근사한 청년이
꽃다발 한 아름을 들고 서 있었다
상기된 볼이 햇살처럼 아름다웠다

꽃다발을 사면서
얼마나 행복했을까
저렇게 멋진 사람의
선물을 받는 연인은
얼마나 행복할까

한동안 청년을 바라보다가
나도 선물을
준비해야겠다고 생각하며
지그시 눈을 감으니
어느새 행복해졌다.

우산 때문에

직행버스에서 내려
'초심'이라는 간판이 걸린
찻집에 앉았다
처음 만난 그녀에게 대뜸
팔남매의 맏이이며
홀어머니를 모시고 산다고
묻지도 않는 소리를 던졌다

황당했던지 그녀는
돌아갈 길이 멀어
버스 정류장을 향했다
갑자기 소나기가 내리는 통에
넌지시 우산을 씌워주니
옷깃이 닿아 불상 앞에
고개를 숙였다

그날 우산을 씌워주는 바람에
홀어머니에 팔남매의 맏이라는
훤한 고생길 조차

눈에 보이지 않는 콩깍지가 씌어
서로가 든든한 우산이 되었다.

수박 장사

밤 원두막에 누워
수박밭을 지키는 일도 즐겁지만
별자리를 찾는 재미가 쏠쏠했다

어느 날부터서 아파트 모퉁이에
노점상 트럭 위에 수박밭을 옮겨놓고
달고 맛있는 꿀수박을 외치는
확성기가 원두막을 대신 하는 세상

검게 머리를 엮어 내린 둥근 얼굴
뚝뚝 꿀밤 몇 대 맞고 팔려갈 때야
주인이 손을 내밀었다
찌만 담가놓고 기다리는 강태공이
아스팔트 위에도 있다.

인물 · 1

소년시절 객지에서 만난
또래 친구가 있었다
가난 때문에 일찍 꿈을 접은 한을
달래주던 친구이다
공부를 잘해 한 인물이 될거라고 했는데
초등학교 교정을 떠난 후
어린 나이에 기타줄 생산공장에 취업하여
참으로 우연하게 기타 교습을 받고
지겹던 가난이 기쁨을 주는 가수가 되어
일생 동안 사랑을 노래하고 있다.

인물 · 2

내 인생의 스승은
대단한 위인이 아니다
나보다 일곱 살 위였던
제대로 배우지 못했지만
누구나 가까이 하고 싶은
호감형의 선한 인상이었다

살겠다고 산전수전 다 겪으며
몸부림 치곤 했지만
그때마다 천길 낭떠러지로 떨어졌는데
내 마음이 한없이 슬퍼 울먹일 땐
말없이 등을 토닥여 주곤 했다
그럴 때는 용기가 생겨
나는 푸른 창공을 나는 새가 되었다

선배는 큰 성공을 거두지 못했지만
늘 부드러운 말씨로 행복한 눈빛을 지어
보는 사람도 행복했다
내가 깊은 절망의 늪에서 허우적거릴 때마다

손을 잡아 이끌어 주었던 말은
“기다리면 모두 지나간다”
격려의 말씀이
오늘까지 나를 이끌어 주었다.

인물 · 3

대를 이어온 지긋지긋한 농사를
다시는 물려주지 않겠다고
부모들이 전답을 팔아 공부를 시킬 때
겨우 초등학교를 졸업하고
농사꾼이 된 소년이 있다

모두가 농사를 버릴 때
아직 어린 소년은
농토에 자신의 미래의 씨앗을 뿌리는
용기를 가졌다
묵묵히 지게목발을 두들기며
주어진 환경에 순응하며
배려하는 사고방식이 건강하여
촌부라고 하기에는 무색한
튼실한 청년으로 성장하여
일대에서는 남부럽지 않은 농군이 되었다

농사만 잘 짓는 것이 아니었다
삼남일녀, 자식농사도 잘 지어

모두가 선망하는 인물로 성장하였는데
사람들은 조상묘를 잘 썼기 때문이라거나
지극한 효심에 하늘이 감동했을거라고 했다
오늘은 곱게 늙어가는 촌부로 손색이 없어
많이 배운다고 인생이 성공하는 것만은 아니다
농사짓는다고 인생이 꼬이는 것만은 아니라는 것을
그가 모범적으로 보여준 것이다.

인물 · 4

인생의 또다른 스승은
나의 후배였다
우선 마음이 일맥상통하여
동기간 같아 따스한 매력을 느꼈다

세상을 살아가다보면
때로는 추진력과 결단력,
지칠 줄 모르는 저돌적인 용기와 힘이 필요하거늘
후배는 멧돼지처럼 코를 씩씩거리며
거침없이 바위 같은 짐을 쳐부수며
질주하는 철의 인간이다

오래도록 함께 살아오면서
후배는 언제나 지칠줄 모르는 인내와 끈기
예리한 판단을 의지가 약한 나의 정신에
세뇌하듯 심어주었다
긍정의 힘과 불굴의 정신이
오늘의 나를 있게 해주었다
후배는 나의 스승이었다.

제4부

가엾은 남자

가엾은 남자

건강타운에 가는 아내가
오늘은 빨리 돌아와
청소를 하고 빨래를 해야겠다며 중얼거린다
하루 종일 집에만 있는 내게
집안 일을 하라는 것 같아 못 들은 척 했지만
마음이 불편하다

집안청소 쯤이야 할 수 있지만
세탁기를 돌리고 빨래를 널거나
밥상 차리고 설거지 하는 일은
쉬운 일이 아니어서
마음이 심란해졌다

어려서부터 사내라고
부엌 근처에도 가지 못하도록 사육된 나는
나이 들어가며 세상에 적응하지 못하지만
아내의 잔소리 듣는 일이 두려운 것 보다
오랫동안 길들여진 우리나라 남자들이 가엾다.

퇴근

하루종일 일에 파묻혀
생각하지 못했던 혹들이
눈 속에 들어왔다 나간다
다시 온몸에 들러붙어
아이처럼 떼를 쓴다
어깨 처진
여자 셋 남자 둘이 지친 듯 차에서 내린다

드디어 종점이다
여자 둘 빵집으로 남자 넷은 횡단보도를 건넌다
여자 얼굴에는 아이들 미소가
남자 얼굴에는 소주병이 그려져 있다

감자탕 집을 향해 길을 건너갈 때
아내의 전화벨이 울렸다
마음을 고쳐먹고 지나치는 감자탕집
온몸에 피곤이 몰려온다.

건강을 위하여

육신의 건강을 위해
채식을 즐겨하는 이들이 많다고 한다
마음 건강을
소홀히 하고 있다는 생각에
하나는 알고 둘은 모른다고 했다

시시때때로 일어나는 감정들이
무의식 속에 켜켜이 쌓여
마음의 병이 커가는 것을 모르고
한숨만 내 쉬니 안타까운 일이다

소란스런 일상에서
눈을 감고 내면의 소리를 들으면
마음의 한숨이 멈춰 고요하다
모두가 정신이 건강하고
마음이 건강하기를 바란다.

윷놀이

푸른 숲 길목에
팔각정 하나 서 있다
인근 노인들이 날마다
바둑 장기 윷놀이를 즐긴다

가끔 고성이 오가는 소리가 들리고
옥신각신 야단들이다
경찰차가 경고음을 올리며 도착했을 때
아무 일이 없었던 것처럼
담배 연기를 뿜어대며
딴전을 피운다

으름장을 놓고
경찰차 총총히 떠나자마자
부리나케 다시 윷판이다
공짜 막걸리 두어 잔 얻어 마신 바람에
술기운에 한 판을 붙었다가
마판에 모가 나올 차에 빽도가 나와
모두가 실소를 한다.

카멜레온

젊은 시절
청춘의 열정이었을까
마을 앞 빨간 우체통에 꽃봉투 넣곤 하던
순정의 세월은 고통스러웠어도
기다림은 행복했다

배반의 잔을 들고 말없이
떠나던 뒷모습을 보다
동구밖에 붙박힌 장승이 되어
옷깃 스쳐 천년을 간다는
인연을 이기지 못했다

썰물 빠진 자리에 나도는 소문
무당집 사내와 정분이 나
야밤도주를 했다니
귀신이 눈을 가렸을까
허접한 푸념을 허공에 뿌린 후
세월 속에 싹튼 신 동아줄이 영글기 시작했다
인생의 돌발변수가 어찌 이뿐이겠는가.

친구 이야기

어디 해진 데도 없는
색상이 화려한 옷에 맞게
머리 스타일을 바꿔 보고자
미용실로 향했다

최신 유행 스타일로 머리카락을 자르고
연한 갈색으로 염색까지 했다
내친김에 무릎까지 올라오는
화려한 스케이트보드 양말도 샀다
반바지에 양말을 신은 모습이
멋스러워 보였다나

건강검진 받던 날
가운을 갈아입었을 때
내세울 패션은 오직 양말뿐이었다
고혈압이 있다는 소리에 아내가
패션양말에 신경쓰지 말고
뱃살이나 좀 빼라며 소리쳐
따끔한 예방주사를 맞았다고 했다.

복지관의 하루

복지관의 컴퓨터 무료강좌에 참석했다

처음 컴퓨터와 마주하니
까만 모니터 화면이 마치 미로 입구 같았다
모두가 어려워 배울 수 있겠느냐고
투덜대서 그나마 마음이 놓였다

긴장해서인지 어깨는 뻣뻣해지고
마우스를 쥔 손은 땀으로 축축했다
클릭 하세요 하는데
앞자리 노형은 가는귀가 먹고
나는 말귀를 못 알아들어
진도를 따라가지 못할 때가 많다

열 번 물으면 열한 번 답해주며
칭찬하는 선생님의
노인정 어르신들에 비하면
건강해 보이고 활기가 넘친다는 말에
어깨가 으쓱해졌다.

혼자 먹는 밥

저녁 때, 며칠 째 먹었던
같은 반찬을 꺼내놓고
한참을 멍하니 있다가
밥알 한 숟갈 냉수에 적셔
입속에 떠 넣는다

누구라도 같이 먹는다면
눈 반찬이 입 반찬이 되어
입맛이 살아날 듯 싶은데
맛있는 반찬일망정
모래알 씹는 기분이다

도무지 입맛이 없어
시들은 꽃잎 씹는 소리
궁색한 침묵속의 반찬이 되어
목구멍을 내려가다 문득
아프리카 오지의 어린눈동자
반달로 떠오르다 목에 걸려
낭만에 초쳐 먹고 있다고 생각했다.

외손녀 결혼식 날

외손녀 결혼식에 맨 얼굴로 갈 수 없어
손바닥만 한 작은 거울을
올렸다 내렸다 서너 번
눈을 이리 돌리고 저리 뜨고
입술과 눈썹을 그리더니
금세 다른 사람으로 보였다

장판 밑에 숨겨둔 돈을 꺼냈다
봉투에 축 결혼이라 쓰고 나서
잔치 때만 입던 옷을 차려 입고
뒤축 굽낮은 신발을 신고
가방 속에 비닐 봉투를 쑤셔 넣었다
신 김치로 밥상을 차릴 영감 생각에
떡이며 고기를 싸올 요량으로
버스를 타고 읍내 예식장으로 향했다

손주들 용돈 몇 푼 더 주라하니
예식장에 가면 먹을 게 많다며
한사코 거절하다 슬며시 건네는

투박한 손길에서 손주 사랑이 전해진다
비 오는 날이면 원망도 모르고
그냥 저냥 살아가는 영감님
무등산 보다 더 큰 마음이 된다.

나이가 들면

나이가 들면 아이가 된다는 말
실감날 때가 많다
아이들의 고집만큼
노인들의 고집도 만만치 않다

의사가 고쳐줄 수 있다고 생각하고
고집스럽게 찾아가서 똑같은 말을 하니
그건 고칠 수 없는 병으로
나이가 들어서 그런다 한다
의사의 말에 섭섭해서
빨리 죽는 수밖에 없지 하고
아이처럼 토라진다

그러다가 누군가가
그러게 말이야, 빨리 죽어야지 하고
동조를 하자 그제야 풀어져서
웃고 깔깔댄다
나이가 들면 아이가 된다는 말
틀린 말이 아닌 것 같다.

푸른 길 푸른 웃음

겉보기에 심통스럽게 생긴 데다
말투까지 퉁명스런 할머니
웃음치료로 병을 고치고 난 후
한 번 웃기 시작하면
영락없이 실성한 사람이다

인사성이 없던 할머니가
공원을 산책하는 사람마다
먼저 미소 지어 인사를 한다

말소리가 기차화통소리 같은 할머니
푸른 길을 가다보면
먼 데서 들리는 커다란 웃음소리에
넓은 플라타너스 잎사귀도
도저히 참을 수 없어
팔랑팔랑 춤을 춘다.

안나의 집

산자락 아래 안나의 집
구름 사이로 가을볕 내려
찰랑거리는 머리카락 끝에
봉숭아 꽃씨가 열린다
건들면 톡 터질 형벌의 그리움
상한 비늘을 일일이 떨궈내다
끝내 완성될 수 없는 기다림
날선 질투로 철벅철벅 검은 욕심들을 짜낸
안나의 집 비밀, 아무도 모른다

팔십 전후 입이 가려운 할머니들
세월이 키운 닳고 닳은 넋을 핥다가
핏기 없는 손톱으로 추억을 할퀸다
청승맞게 살 냄새로 정 붙은 고목에
가지마다 연등이 피어 출렁일 때마다
영락없이 극락인줄 안다

먼저 터를 잡은 왕 언니
붉은 알사탕 한 알 물고

깔깔 웃는 바람에 틀니가 빠져나간 채
활동사진 한판을 찍었다
손등에 입술 대고 모두가 웃음바다 건너가는
한나절 안나의 집.

사는 재미

단풍 든 은행나무 아래서
마음이 황색 평화로 물든다
늦가을
소년 같은 감성이
아직 내 안에 살아 있었다니

황혼에 무슨 낭만 타령이냐며
놀려대는 노인네들이 춤바람이 불어
댄스를 배운다며 야단법석을 떨다니
웃음이 절로 나왔다

은행잎 낭만을 즐기려는 것이나
댄스를 배우는 것이나
황혼을 즐기는 것은
매 한 가지

황혼의 늙은이든
세월 가는 줄 모르는 젊음이든
언제나 청춘인줄 착각하며 사는 것도

모두가 마음들이 젊어지니
이 또한 사는 재미가 아니겠는가.

복꿈

입 하나 줄일 양으로
배부르게 살 수 있다는 말에
열다섯 살에 꽃반지를 끼웠다가
칠십이 넘도록 가난을 잇고 물려주며
사는 것이 죄가 되었다

날마다 해묵은 한숨으로
식은 구들장을 핥던 파열된 등골은
용케도 퀴퀴한 곰팡이의 영역을 피해
철가는 줄 모르고 자리를 깔았다
스멀스멀 숨어드는 잠꼬대에 홀려
꿈속에서 뒷간 문턱을 넘다
여지없이 똥통에 넘어져 그만
놋쇠 요강 속 터지는 소리에
심란한 꿈을 깼다

때마침 새벽같이 찾아온 동리 이장
대뜸 사랑의 집 고쳐주기로 했다니
밑도 끝도 없는 뚱딴지같은 소리에 놀라

하얀 기침 방안에 내려놓는 할매
혹여 노란똥이 복꿈인가 하고
절레절레 방 가운데에 황소 눈을 박았다.

아이에게 배우다

손주의 손을 잡고
장난감 가게로 향했다
갖고 싶어 하던
장난감을 산 손주는
한참 놀며 즐거워 했다

집에 돌아와 장난감에
건전지를 넣으려는데
건전지를 넣지 말라고
소리 내어 우는 것이
철부지가 투정부리는 줄 알았는데

소리가 나면 다른 사람에게
방해가 된다는 것이다
어른 같은 생각이 예뻐
기특하기도 하였지만
오히려 내가 무안해졌다
배려할 줄 아는 마음을
손주가 가르쳐주는 꼴이 되었다.

남광주 어시장

사람 손맛에 끈적이던 살갗은
새벽바람이 불어도 변함이 없다
바닷소리를 듣지도 못한 채
시장 통 소란스런 어귀에서
고루지 못한 숨을 내쉬고 있다

네가 죽어 바다의 그림자는
소리를 지르며 떠나지 못하고
갈매기의 울음 소리도
파도가 밀려다니는 꿈도
잠수할 수 없는 시장바닥에
뒹굴고 있다

언제나 길 위에 떠있는 바다의 창
남광주의 바다는 파도가 없어 고요하다
죽어있는 이름으로 일어서서
희뿌연 얼굴로 떠돌다 뿌리 내린 바다
시장통이 벌겋게 부어올랐다
겨우 어물전 망신을 면했다.

장마

기별이 없더니
취객처럼 왔다

며칠째 풀죽은 연습을 하다
어쩌다 햇살 맞아 눈을 떠
무더위 소굴에 엉겅퀴를 키우더니
날선 감정이 짝을 지어
짜증을 부화시켰다

창밖으로 흐려진 공기 토해내
마루 끝에 앉은 잠자리 한 마리
후두둑 낙숫물로 낙서를 하다
하늘 향한 야망 지붕 위에 내려놓았다
젖은 날개 펴 햇살을 기다리다 지쳐
둥근 눈망울 추녀 밑을 더듬는다.

태풍

먼 길 헤집고 도도하게 내민 자태
살찐 바다 머금은 정열의 춤추다
홀로 바람이 난 광란의 발걸음

포효 요란하여
산천을 떨게 하는 교활한 성미
약한 듯 강하게 엎치락뒤치락 거린다
여지없이 후려치는 한판
자지러진 한낮의 광풍
당산나무 금이 난 바람에
그늘이 찢어졌다

모골 엉크러진 애잔한 잎새를 뚫고
가픈 숨 몰아쉬다 주춤거리는 너는
온 세상이 어지러워 오던 길도 잊었는지
서둘러 옆길로 주섬주섬 떠나는
제풀에 꺾여 꼬리 감춘 끝자락
이제 쑥대밭을 어쩌란 말인가.

정신성과 생명성, 유년과 노년정서의 변주

강 경 호 (시인, 문학평론가)

1.

조대현 시인은 늦깎이로 등단하여 처녀시집을 펴냈다. 젊은 시절에 가진 문학에의 열정을 꿈으로 피워내기에는 현실이 녹록치 않아 접어두었다가 청춘이 한참이나 지난 뒤에서야 그 꿈을 펼칠 수 있게 되었다. 오랜 세월을 기다려 이루어가는 시적 열정은 불꽃같은데 청년의 패기보다는 인생을 지긋하게 살아온 견자(見者)의 진지함과 진정성이 깃들어 있다.

그의 작품세계는 세상과 사물의 이치를 깨달아 가는 시선을 지닌 존재의 높은 정신성을 탐구하는 시편이 가장 먼저 눈에 띈다. 또한 봄날 환호작약하는 생명의 환희와 생명성을 추구하는 이른바 생명시편들이 시인의 중심세계임을 짐작할 수 있다. 더불어 그의 시편에는 유년과 노년(현재)라는 공간성과 시간성이 극명하게 대비를 이루고 있는 점이 주목된다. 유년을 배경으로 한 시편들에서는 고향, 어머니, 어린 시절의 배고픔, 운동회 등의 기억을 불러 때로는 배고프고 어머니의 사랑에 기하는 아름다운 정서를 보여준다. 노년을 배경으로 한 시편들에서는 현재의 시인의 삶을 보여주고 있는데, 최근 그가 만나는 일상의 풍경을 형상화한 것이다.

조대현 시인의 『머나먼 곳에 소금산이 있다』는 한 시인의 삶에 축적된 깊고 견고한 정신성과 정서가 투사되어 있는 까닭에 가볍지 않은 언어미학을 느낄 수 있다.

2.

조대현 시인의 이번 시집에서 가장 눈에 띄는 작품은 시집의 표제작이기도 한 「머나먼 곳에 소금산이 있다」이다. 물론 이 작품이 등단 대표작이기도 한 것에서 짐작할 수 있듯이 지금까지 조대현 시인이 거둔 가장 의미있는 성과라고도 할 수 있다. 성경에서 가치있는 것을 '빛과 소금'이라고 했듯이 그중 '소금'이 지닌 의미와 상징성을 그의 시 속에 끌어들여 소금처럼 산 '아버지'라는 시적 대상이 이룬 가치를 노래하고 있다.

햇볕 뜨거운 날
희끗희끗 하얀 씨앗이 생겨난다
그것들은 짜디짠 고집으로 뭉쳐

함부로 할 수 없는 정신이 된다
물에서 생겨난 몸, 썩지 않는 영혼이어서
염부는 땀을 뻘뻘 흘리면서도
뙤약볕에서 정신을 구워내 소금산을 쌓는다

아버지는 염부였다
본래 소금에서 태어났기 때문에
어떤 몹쓸 물에도 녹지 않고
묵묵히 소금산을 쌓으셨다
염천이 돌아오면 사람들은 쉽게 녹아버리지만
오히려 더 단단해진 아버지는
이도 하얗고 손도 백짓장처럼 하얘져서
온몸이 소금이셨다

아무나 갈 수 없는 곳에 소금산이 있다
짜고 단단한 아버지께서 쌓으신 산이다.

-「머나먼 곳에 소금산이 있다」 전문

'소금'을 먹지 않고는 살 수 없는 것이 사람이다. 매우 소중하고도 귀했기 때문에 옛날에는 소금을 나라에서 관리하기도 했다. 이 작품은 실제의 소금이 지닌 의미와 가치를 시적 소재로 삼았지만, 그렇다고 소금이 지닌 효용성에만 시선을 둔 것은 아니다. 이 작품에서 소금은 "짜디짠 고집" "함부로 할 수 없는 정신" "썩지 않는 영혼"이 말해주듯 실제의 의미를 넘어 '아주 소중하고 유용한 것' '인간의 정신이 이르를 수 있는 최고의 경지' '맑은 영혼' 등의 정신적 가치를 의미한다.

이 작품은 바다에서 소금이 어떻게 만들어지는지 그 신산한 과정을 보여주며 쉽게 만들어지는 것이 소금이 아니라는 것을 보여준다. 그리고 마치 구도하듯 소금을 만들어 마침내 소금산을 쌓듯이 인생을 살아온 것이 '아버지'의 삶이었다고 하며 화자도 아버지처럼 살겠다는 다짐을 보여준다. 여기에서 '아버지'는 조대현 시인의 실제 아버지가 아니라 이 작품 속의 시적 대상으로 단지 소금을 만드는 염부일 뿐이지만 위대한 삶을 살아온 존재의 은유이다.

주지하다시피 소금은 물에서 생겨난 것이지만 물에 잘 녹지 않는 성질을 가지고 있다. 그리고 소금은 일년 중 가장 뜨거운 날 만들어지는 특성이 있다. 이렇게 해서 만들어진 소금은 하얀 빛을 띈다. 뜨거운 계절이 돌아오면 사람들은 땀을 흘리며 "쉽게 녹아버리지만/오히려 더 단단해진 아버지는/이도 하얗고 손도 백짓장처럼 하얘져서/온몸이 소금이셨다" 때묻지 않은 영혼을 지녔기 때문이다. 그런데 아버지가 평생 쌓으신 소금산은 어느 누구나 쌓을 수 있는 것이 아니어서 이 세상 어디에서나 쉽게 만날 수 있는 것이 아니다. 그런 까닭에 "아무나 갈 수 없는 곳에 소금산이 있다"고 시인은 말한다. 견고한 정신세계를 추구하는 시인의 의지를 읽을 수 있는 시편이다.

「지하상가 신발가게에서의 미사」는 신실한 가톨릭 신자인 조대현 시인의 신앙에 대한 폭넓은 사고와 이해를 짐작해 볼 수 있게 한다.

밤새 갇혀있던 공기들이 외출하는 시간
이곳저곳에서 셔터 올리는 소리
일찍 출근한 신발가게 주인이
지난 저녁에 거둬들인 신발들을
다시 가게 앞에 진열한다
후후 입바람으로 먼지를 털다가
장갑 낀 손으로 가볍게 문질러서
가지런하게 정렬한다
그 일에 초집중하는 모습이
경건을 넘어 종교의 미사 같아서
바라보는 동안 나도 모르게
마음으로 찬송가를 부르고 기도를 드리는데
어느새 행인들도 신발가게 앞에 모여
미사를 드리는 것이다
신발을 진열하는 일이
신성하고 신실한 신앙이라는 것을 처음 깨달았다.

-「지하상가 신발가게에서의 미사」 전문

이 작품은 종교적 영감이 교회나 사찰에서만 이루어지는 것이 아니라 신성하고 거룩한 풍경이 펼쳐지는 곳이라면 어디든지 그곳이 교회이며 사찰이라는 인식을 보여준다는 측면에서 기존에 우리가 일반적으로 생각하는 신앙적 공간과 종교적 의미가 확대된 모습을 보여준다.

화자는 이른 아침에 지하상가를 지나간다. 일찍 출근한 사람들은 상점을 열기 위해 셔터를 올리고 있다. 그 중에 "일찍 출근한 신발가게 주인이/지난 저녁에 거둬들인 신발들을/다시 가게 앞에 진열한다" 지하상가 앞 통로를 지나가던 화자는 이 모습을 발견하며 발길을 멈춘다. 화자는 지금까지 이러한 모습을 한두 번 목도한 것이 아니라 상품을 진열하는 모습을 자주 보아왔을 것이다. 그럼에도 문득 일상적인 모습에서 무엇인가를 발견하는 일은 어떤 깨달음이 찾아왔기 때문일 것이다. 화자에게 깨달음을 준 신발가게 주인은 "후후 입바람으로 먼지를 털다가/장갑 낀 손으로 가볍게 문질러서/가지런하게 정렬한다" 지극히 평범한 모습이지만 깊은 울림을 준 것은 지금까지 살아온 화자의 삶에서 연유한다고 본다. 영혼의 울림을 주는 정서적 사건은 대단한 것에 있는 것이 아니라 평범한 삶에서 만날 수 있다는 믿음이다. 천국 또한 대단한 곳이 아니라 자신이 살고 있는 곳에서 만나겠다는 삶의 태도가 신발가게 주인의 상품에의 깊은 사랑을 보여주는 것에 서로 교호하고 감응한 것이라고 생각된다.

그러므로 마침내 화자는 상품을 진열하는 "그 일에 초집중하는 모습이/경건을 넘어 종교의 미사 같"다고 생각한다. 바라보는 동안 "마음으로 찬송가를 부르고 기도를 드"릴 수 있는 것도 감사할 일이다. 이때 지나가는 행인들조차 신발가게 앞에 모여 미사드리는 일이 있겠는가마는 최선을 다해 정성껏 신발을 닦으며 진열하는 모습에서 행인들조차 미사를 드릴 때처럼 신성하고 경건한 마음이 되었으니 이것이야말로 신앙의 본질과 만나는 것이 아니겠는가.

3.

조대현 시인의 시가 추구하는 가장 큰 미덕은 견고한 정신성을 추구하는 것임을 앞에서 살펴보았다. 이와 더불어 그 이면에는 생명성을 탐구하는 시인의 시선이 존재한다. 주지하다시피 오늘날 자연환경이 오염되고 파괴되어 전지구적인 문제가 되고 있다. 이런 시대에 시인은 원초적인 생명성을 탐구하기도 하고 생명파괴의 현장에 눈길을 주기도 한다.

> 자연은 인간의 일에 무심하지만
> 아무도 꽃을 말하지 않아도
> 때맞추어 바람을 일으킨다
> 땅은 곳곳이 지뢰밭인데도
> 아랑곳하지 않고 섬진강 따라
> 산수유 길을 열었다
>
> 눈 속을 떠도는 은근한 향기는

본디 매화의 성정이다
봄날은 짧다더니
붉거나 흰 모란이 눈앞에 찬란하다
생각할 틈 없이 있는 그대로
즐기기에도 시간이 모자라다

산수유의 앙증스런 미소
꽃들의 시선을 자로잡고
마음을 빼앗는다
이 봄의 황홀을 놓치기에는
한 번 뿐인 인생이 아깝다
꽃의 소리에 자연의 속내를 알라며
붉은 매화꽃이 한들한들 말을 건넨다.

-「향기로운 봄」 전문

'봄'은 지난겨울 동안 움츠렸던 생명들이 기지개를 켜고 다시 생명의 길을 질주하기 위해 움트는 계절이다. 그런 까닭에 '회춘(回春)', '청춘(青春)'이라는 말에서 짐작할 수 있듯이 봄은 '재생(再生)'과 '부활'을 상징한다. 그러므로 아무것도 없는 황량한 대지에 새생명이 살아오는 일은 환호작약할 일이 아닐 수 없다.

그러나 "자연은 인간의 일에 무심하"다. 수억 년 그래 왔듯이 '춘하추동(春夏秋冬)'이라는 자연의 섭리에 순응할 뿐이다. 인간의 삶은 유한하여 영생을 꿈꾼다. 그렇지만 짧은 봄처럼 인간의 생명은 허무하게 지고 만다. 그러므로 봄을 맞는 인간의 심사는 향기롭지 않을 수 없다.

화자는 산수유가 핀 섬진강길을 따라간다. 강가에는 매화꽃도 피어있다. 그러면서 봄이면 피어나는 "붉거나 흰 모란이 눈앞에 찬란"함도 떠올린다. 이처럼 봄날은 "생각할 틈 없이 있는 그대로/즐기기에도 시간이 모자라다" 이 대목은 짧은 실제의 봄을 의미하기도 하지만, 인생에서 가장 아름다운 시절인 청춘의 한 구비를 말하기도 한다. 그러므로 '청춘을 의미있게 잘 살아보자'는 다짐이 깃들어 있는 것이다.

인생은, 특히 '봄'으로 은유화된 청춘은 인간도 '산수유'나 '매화', '모란'처럼 가장 아름다운 꽃을 피우는 시절이어서, 청춘, 그 자체가 황홀이라고 화자는 말한다. 그런 까닭에 봄을 맞는 인생은 봄이 황홀하고 지나가는 것이 아깝다. 그러므로 "꽃의 소리에 자연의 속내를 알라며/붉은 매화꽃이 한들한들 말을 건"네는 소리도 듣는 것이다.

원초적인 생명성 탐구를 보여준 위의 작품과 달리 「비누」는 환경이 오염된 자연을 희생해가면서도 치유하는 존재의 사랑과 희생성을 노래한다.

> 먹고 버린 폐식용유는 환경을 오염시키고
> 가성소다는 살갗에 상처를 낸다

고약한 이 두 물질을 잘 다스려
하나가 되게 하면
나쁜 성미는 온 데 간 데 없고
신랑신부처럼 착하고 고운 마음씨가 되어
세상의 더러운 것들 깨끗이 씻어주는 것 만큼
자신의 몸 조금씩 사라진다.

-「비누」 전문

'비누'는 더러운 물질을 제거하는 능력을 지녔다. 그런데 본디 비누는 "먹고 버린 폐식용유"로 만든다. 주지하다시피 폐식용유은 환경을 오염시키는 오염원의 하나이다. '가성소다' 또한 살갗에 상처를 내는 고약한 물질이다. 그런데 자연환경에 유해한 폐식용유와 가성소다를 잘 다스려 하나가 되게 하면 "나쁜 성미는 온 데 간 데 없고" "고운 마음씨가" 된다. 즉 "세상의 더러운 것들 깨끗이 씻어"주는 '비누'로 거듭 태어난다. 그러나 비누가 더러운 것들을 깨끗하게 하는 것만큼 "자신의 몸 조금씩 사라진다." 유해물질도 잘 다스리면 훌륭한 역할을 해낼 수 있다는 메시지와 함께 세상은 언제나 누군가의 희생으로 아름다워지고 있음을 갈파하는 이 작품은 세상을 정화하고자 하는 의지를 지닌 시인의 마음을 엿보게 한다.

4.

조대현 시인의 이번 시집에는 '유년'이라는 과거와 '노년'이라는 현재가 대비되고 있다. '유년'과 '노년'은 과거와 현재라는 시간적 거리뿐만 아니라 특별한 공간구조를 이루고 있다. 과거로 지칭되는 '유년'이라는 시간을 거슬러 올라가면 '어머니', '고향', '초등학교 운동회', '배고픔' 등을 만날 수 있는데 이 공간에서 독자들은 '그리움'과 '순수'를 대면하게 된다.

그리움의 강
말만 들어도
가슴 뭉클거리게 하는
어머니란 말이 또 있던가

언제나 불러 보아도
언제나 들어 보아도
아늑하고 편안한 둥지
허물도 절망도 낙담도 서러움도
온화하게 쓸어 담은 함지박
투박한 손길에도 피어나는 모정

눈을 감아도 눈을 떠도
소리만 들려도
언제나 새롭게 피어나는 별꽃 향기
만고풍상에 주름진 미소
은은하게 살아 있는 내 안의 그리움
떠난 지 오래 될수록

내 핏줄에 박동치며 흐르는 강
더욱 그리워지는 어머니.

-「그리움의 강」 전문

화자는 '어머니'를 "그리움의 강"이라고 부른다. 물리적인 시간은 어머니를 저 세상으로 모시고 가버렸지만 마음 속 깊이 자리한 "그리움의 강"이라는 공간에는 어머니가 계신다. 어머니는 "언제나 들어 보아도/아늑하고 편안한 둥지"라는 공간이다. 또한 어머니는 "허물도 절망도 낙담도 서러움도/온화하게 쓸어 담은 함지박"이어서 "투박한 손길에도 피어나는 모정"이었다. 그러므로 다시 현실에서 어머니라는 강을 바라보면 "만고풍상에 주름진 미소/은은하게 살아 있는 내 안의 그리움"이다. 그러면서 "떠난 지 오래 될수록/내 핏줄에 박동치며" 그리움의 강은 흘러간다.

유년이라는 과거로의 시간적 거리를 이동하여 만나는 화자의 정서는 어머니에 대한 그리움이 가득하다. 그것은 오늘에는 어머니가 안 계신 까닭이다. 그렇지만 어머니로부터 받은 따스한 사랑은 세월이 흘러가도 잊혀지지 않고 갈수록 그리움의 강은 면면히 흘러만 갈 뿐이다.

'유년'이라는 공간에는 정겹고 그리운 것만이 있는 것이 아니다. 먹을 것이 없어 이른바 '보릿고개'를 지나갈 때에는 허기져 고개를 넘어가지 못한 사람들도 있었다.

그때는 왜 그토록 춥고 배고팠는지 모른다. 수십 년이 지난 아득한 날의 기억이지만 아직도 시인의 뇌리에서 떠나지 않고 다시 살아오는 것은 안타까운 정서적 충격이 컸기 때문이리라.

시름이 들녘에 가득했다
온 동리 찌든 인심은
보름달만한 허기로 떠올라
죽음의 공포를 잉태하였다

참담한 세월의 넋두리
독버섯처럼 자라나
겹겹이 쌓인 창자 달라붙는 소리
헛배만 채웠던 그 해

대지의 발아래 앉아
허공에 뿌리던 무성한 독백
마른 침만 입 안 가득
그때 허기진 밤을 베고
등 굽혀 누웠다.

-「그 해 흉년」 전문

배가 고프면 인심도 찌들고 흉흉해지기 마련이다. 아직 찬바람이 부는 이른 들녘에는 시름이 가득했다. 텅 비어 있으므로 먹을 것은 아무것도 없었다. 시름이 가득한 만큼 들녘은 그만큼 빈들이었다. 마을에는 "죽음의 공포를 잉태하였다" '의식주' 중에서 가장 절실한 것이 먹을 것이 아닐까. 생명을 영위한 후에야 그 무엇도 존재하기 때문이다. 그런데 당장 먹을 것이 없어 허기지니 흉흉한 마을에는 "참담한 세월의 넋두리/독버섯처럼 자라"났을 것이다. 아득한 유년의 시간 너머에서 "겹겹이 쌓인 창자 달라붙는 소리/헛배만 채웠던 그 해"가 유독 기억되는 것은 그 상처가 너무나 컸기 때문이 아닐까. "마른 침만 입 안 가득/그때 허기진 밤을 베고/등 굽혀 누"운 어린 소년의 모습이 아프게 떠오른다.

5.

앞에서 살펴본 작품들은 시인의 체험이 깃든 유년이라는 시간과 공간이 그리움과 인정, 그리고 아픔이라는 상처를 되살리고 있다. 이에 반해 다음의 작품들은 오늘을 살아가고 있는 시인의 모습으로 시인의 일상을 가감없이 보여주고 있다.

> 건강타운에 가는 아내가
> 오늘은 빨리 돌아와
> 청소를 하고 빨래를 해야겠다며 중얼거린다
> 하루 종일 집에만 있는 내게
> 집안 일을 하라는 것 같아 못 들은 척 했지만
> 마음이 불편하다

집안청소 쯤이야 할 수 있지만
세탁기를 돌리고 빨래를 널거나
밥상 차리고 설거지 하는 일은
쉬운 일이 아니어서
마음이 심란해졌다

어려서부터 사내라고
부엌 근처에도 가지 못하도록 사육된 나는
나이 들어가며 세상에 적응하지 못하지만
아내의 잔소리 듣는 일이 두려운 것 보다
오랫동안 길들여진 우리나라 남자들이 가엾다.

-「가엾은 남자」 전문

시인의 일상이 적나라하게 노출된 이 작품은 노년을 살아가는 우리나라 대부분의 정서를 반영하고 있다해도 틀린 말은 아닐 것이다. 즉, 가부장제도 아래에서 학습되어 주로 남성은 밖에서 일을 하여 가족의 생계를 책임지다가, 은퇴 후에는 아내의 눈치나 보는 사람, 이러한 자신의 모습이 가엾다고 생각한다.

"건강타운에 가는 아내가/오늘은 빨리 돌아와/청소를 하고 빨래를 해야겠다며 중얼거린다" 그러자 화자는 마음이 불편해진다. 아내가 돌아와 청소와 빨래를 하겠다고 자신을 향해 중얼거린 것은 "하루 종일 집에만 있는 내게/집안 일을 하라"는 무언의 압력으로 들렸기 때문이다.

청소 쯤은 할 수 있지만 "세탁기를 돌리고 빨래를 널거나/밥상 차리고 설거지 하는 일은" 결코 쉬운 일이 아니다. 그 동안 가장으로서 밖에서 집안의 경제만 책임짓느라고 밥짓고 빨래하는 일은 아내의 몫이어서 쉬운 일이 아니라고 생각한다.

독자들은 이쯤 읽다보면 화자에 대해 불만을 터뜨릴 수도 있다. 남녀평등시대에 맞지 않는 사람이라고도 할 것이다. 틀린 말은 아니다. 그렇지만 화자는 "어려서부터 사내라고/부엌 근처에도 가지 못하도록 사육"되었기 때문에 은퇴 후 가사를 분담하는 일이 몸과 마음에 배이지 않았을 것이다. 그렇다고 자신의 불만을 정당화시킬 수는 없다. 남녀평등이니 인권이니, 거창한 말이 아니더라도 아내를 사랑하는 마음이라고 해두자. 그러다보면 청소는 물론 빨래와 밥짓기 쯤이야 아무것도 아닐 것이다.

그럼에도 불구하고 화자는 "아내의 잔소리 듣는 일"보다 "오랫동안 길들여진 우리나라 남자들이 가엾다."고 한다. 자신의 의지와는 상관없이 사회제도와 관습에 사육된 우리나라 남성들의 처지를 변명하고 있는 것이다.

시인의 노년이 조금 궁색맞다는 생각이 든다. 「혼자 먹는 밥」에서도 쓸쓸한 감정마저 든다.

저녁 때, 며칠 째 먹었던
같은 반찬을 꺼내놓고

한참을 멍하니 있다가
밥알 한 숟갈 냉수에 적셔
입속에 떠 넣는다

누구라도 같이 먹는다면
눈 반찬이 입 반찬이 되어
입맛이 살아날 듯 싶은데
맛있는 반찬일망정
모래알 씹는 기분이다

도무지 입맛이 없어
시들은 꽃잎 씹는 소리
궁색한 침묵속의 반찬이 되어
목구멍을 내려가다 문득
아프리카 오지의 어린눈동자
반달로 떠오르다 목에 걸려
낭만에 초쳐 먹고 있다고 생각했다.

-「혼자 먹는 밥」 전문

오늘날 산업화시대를 맞아 더욱 가족이라는 공동체가 분화되거나 해체되어 가고 있어 씁쓸하다. 이는 젊은 세대에서부터 노년의 노인들에 이르기까지 모든 세대에 걸쳐 일어나고 있는 현상이어서 더욱 안타깝다. "인간은 사회적 동물이다"라는 명제에는 공동체적인 삶의 원형이 남아있다. 대가족이 아니더라도 부모와 자식이 함께 저녁을 먹는 풍경이 점차 사라지고 있다. 흔히 혼자 먹는 밥을 '혼밥'이라고 한다. 시장에도 이들을 위한 먹거리상품이 많이 출시되어 있어 세태를 반영하고 있다. 이 작품 속의 화자는 어쩌면 시인 자신의 모습일 것이다. 그런데 혼자 먹는 저녁밥이 참으로 맛이 없겠다는 생각이 든다. "며칠 째 먹었던/같은 반찬을 꺼내놓고/한참을 멍하니 있다가/밥알 한 숟갈 냉수에 적셔/입속에 떠 넣는" 모습에서 그저 밥맛이 없겠다는 생각뿐만 아니라, 쓸쓸한 노년의 외로움이 답답하게 엄습해 온다. 더불어 '가족'이란 도대체 무엇인가를 다시금 생각하게 한다. '가족'은 함께 있을 때 그 의미가 빛난다. 그런데 가족은 모두 어디에 갔는지 저녁이 되어도 돌아오지 않아, 며칠 째 먹던 반찬을 꺼내어 밥을 먹는 사람의 처지가 곤궁하다.

"누구라도 같이 먹는다면/눈 반찬이 입 반찬이 되어" 맛있을 텐데 "모래알 씹는 기분"이라고 실토한다. 그러다가 화자는 예상치 않은 전혀 엉뚱한 상상력을 펼친다. 대반전인 셈이다. "아프리카 오지의 어린눈동자"가 떠오른 것이다. 아프리카 오지의 어린 눈동자는 배가 고파 죽어가는 모습이다. 처음에는 혼자 먹는 밥이어서 맛이 없고 목구멍에 걸렸지만, 이제는 배고픈 아프리카 어린이의 처지가 떠올라 그 동안 투정부리던 것이 미안해 밥이 목구멍에서 넘어가지 않는 것이다.

이 작품은 노년의 시인의 소소한 일상과 더불어 대반

전을 통해 자신이 겪은 유년의 허기를 떠올리는 아프리카 어린 아이들을 떠올리며, 자신의 유년과의 동일성을 이루고 있는 점이 아주 독특하다.